EMPRENDER O NO EMPRENDER

Pabel Amet Hernandez Castro

∴

EMPRENDER O NO EMPRENDER

Copyright

Copyright © 2024 Pabel Amet Hernandez Castro
Todos los derechos reservados.
No se permite la reproducción total o parcial de esta obra, ni su incorporación a un sistema informático, ni su transmisión en cualquier forma o por cualquier medio (electrónico, mecánico, fotocopia, grabación u otros) sin autorización previa y por escrito de los titulares del copyright. La infracción de dichos derechos puede constituir un delito contra la propiedad intelectual.
ISBN: 9798342965828

Dedicatoria

Gracias a Dios y a la vida que me ha dado tanto,
Gracias a todos esos seres, con los que he coincidido
En tiempo y espacio en este mundo y
me han acompañado en este viaje maravilloso
de vivir.

∴

Sobre el éxito en el emprendimiento:

"El éxito no es definitivo, el fracaso no es fatal: lo que realmente cuenta es el valor para continuar."
Winston Churchill

"La clave del éxito es empezar antes de estar listo."
Marie Forleo

"El mejor modo de predecir el futuro es creándolo."
Peter Drucker

"No te límites a ti mismo. Solo tú puedes hacer los límites de lo posible."
Walt Disney

"La única persona a la que debes superar es a ti mismo de ayer."
Bill Gates

Sobre los fracasos y el aprendizaje:

"El fracaso es la oportunidad de empezar de nuevo, esta vez de manera más inteligente."
Henry Ford

"La mayoría de las personas no escuchan realmente; solo esperan su turno para hablar."
M. Scott Peck

"Si siempre haces lo que siempre has hecho, siempre obtendrás lo que siempre has obtenido."
Albert Einstein

"La innovación distingue a un líder de un seguidor."
Steve Jobs

"Tu mayor miedo es a menudo tu mayor guía."
Robin Sharma

Sobre la perseverancia y la pasión:

"El éxito no se logra solo con cualidades especiales. Es el resultado de una dedicación total a un objetivo."
Arnold Schwarzenegger

"La pasión es la energía que te impulsa a hacer lo que amas."
John Maxwell

"Los sueños no funcionan a menos que trabajes por ellos."
John C. Maxwell

"La única persona que puede vencer tus miedos eres tú mismo."
David Viscott

"La perseverancia es el camino hacia el éxito."
Samuel Johnson

CONTENTS

Emprender o no Emprender
Emprender o no Emprender
Capítulo 1. Lecciones del camino — 1
Capítulo 2. ¿Por qué emprender? — 19
Capítulo 3. El perfil del emprendedor — 23
Capítulo 4. Miedos y obstáculos — 27
Capítulo 5. La generación de ideas — 31
Capítulo 6. Validación de la idea — 35
Capítulo 7. El plan de negocio — 39
Capítulo 8. Financiamiento — 43
Capítulo 9. Construcción del equipo — 47
Capítulo 10. Marketing y ventas — 51
Capítulo 11. Gestión del tiempo y la productividad — 55
Capítulo 12. Escalamiento del negocio — 59
Capítulo 13. Resiliencia y perseverancia — 63
Capítulo 14. Equilibrio entre vida personal y profesional — 67
Capítulo 15. Aprendizaje continuo — 71
Capítulo 16. El legado del emprendedor — 75
Capítulo 17. ¿Emprender o no Emprender? — 79
About The Author — 83

Introducción

¿Te has preguntado alguna vez si tienes lo que se necesita para emprender? La idea de ser tu propio jefe, de crear algo desde cero y de alcanzar la independencia financiera es muy atractiva. Sin embargo, emprender no es un camino fácil. Requiere dedicación, esfuerzo y una buena dosis de valentía. En este libro, te guiaremos a través de un análisis detallado de las ventajas y desventajas de emprender. Descubrirás cómo identificar tus fortalezas y debilidades, cómo desarrollar un plan de negocios sólido y cómo superar los obstáculos más comunes. Además, te proporcionaremos consejos prácticos y estrategias probadas para aumentar tus posibilidades de éxito.

Si estás considerando emprender, este libro es tu compañero ideal.

Prólogo

"¿Alguna vez has tenido una idea tan genial que te ha dejado sin dormir? ¿Has sentido ese cosquilleo en el estómago que te dice que es hora de hacer algo grande? ¡Felicidades! Acabas de dar el primer paso hacia el mundo del emprendimiento. En este libro, te vamos a acompañar en tu aventura para convertir esa idea en realidad. Olvídate de la teoría aburrida. Aquí encontrarás historias reales, consejos prácticos y un montón de inspiración para que te lances de cabeza a emprender o buscando las herramientas necesarias para decidirte o no a emprender.

¿Listo para vivir la vida al máximo?
¡Sigue leyendo!"

"¿Crees que emprender es solo para los elegidos? ¿Que necesitas ser un genio de los negocios para tener éxito? ¡Error! Emprender es para cualquiera que tenga una idea y las ganas de hacerla realidad. En este libro, vamos a desmontar todos esos mitos y prejuicios que te impiden dar el salto. Te mostraremos que emprender es mucho más que trabajar largas horas y vivir bajo presión. Es una oportunidad para ser tu propio jefe, hacer lo que te apasiona y marcar la diferencia.

¿Te animas a desafiar lo establecido?"

Capítulo 1. Lecciones del camino

Historias de éxitos y fracasos, lecciones y enseñanzas que nos permitirá identificar fortalezas y debilidades de ser emprendedor.

Simón Borrero y el nacimiento de Rappi:
Simón, un joven colombiano, tuvo una idea revolucionaria: crear una plataforma que entregara cualquier cosa a domicilio, desde comida hasta medicamentos. Con esta visión, nació Rappi en 2015.

Al principio, la idea parecía descabellada. Sin embargo, Simón y su equipo trabajaron incansablemente para convertirla en realidad. Enfrentaron desafíos como conseguir inversión, construir la tecnología y convencer a los usuarios de adoptar esta nueva forma de hacer compras.

El éxito:
Hoy en día, Rappi es una de los startups más exitosos de Latinoamérica. Ha revolucionado la forma en que consumimos en ciudades como Bogotá, Medellín y muchas otras. Simón y su equipo han logrado construir un imperio empresarial que genera miles de empleos y facilita la vida de millones de personas.

¿Qué podemos aprender de esta historia?

- ✓ La perseverancia es clave: A pesar de los obstáculos, Simón no se rindió y siguió adelante con su visión.
- ✓ La innovación es el motor del cambio: Rappi surgió de una idea disruptiva que transformó una industria.
- ✓ El trabajo en equipo es fundamental: El éxito de Rappi se debe al esfuerzo conjunto de un gran equipo.

Mensajeros Urbanos: Del fracaso al éxito

Santiago Pineda, el creador de Mensajeros Urbanos, una de las aplicaciones de delivery más populares de Colombia, no tuvo un camino fácil. Antes de alcanzar la fama, Santiago experimentó varios fracasos en emprendimientos anteriores. El primer intento:

Su primera idea fue crear una plataforma para conectar a estudiantes universitarios con oportunidades laborales. A pesar de su esfuerzo, el proyecto no logró despegar.

El segundo intento:

Luego, intentó con una plataforma similar a Groupon, ofreciendo descuentos en servicios locales. Sin embargo, esta iniciativa tampoco tuvo el éxito esperado.

El aprendizaje de los fracasos:

Estos fracasos iniciales no desanimaron a Santiago. Por el contrario, los tomó como oportunidades de aprendizaje. Analizó qué salió mal en cada proyecto y utilizó esa información para mejorar sus ideas futuras.

El nacimiento de Mensajeros Urbanos:

Con lo aprendido de sus experiencias anteriores, Santiago creó Mensajeros Urbanos, una aplicación que conecta a usuarios con mensajeros para realizar entregas rápidas en la ciudad. Esta vez, la idea fue un éxito rotundo y la aplicación se convirtió en un referente en el sector.

¿Qué podemos aprender de esta historia?

- ✓ El fracaso es parte del proceso: No todos los emprendimientos tienen éxito desde el principio.
- ✓ Lo importante es aprender de los errores y seguir adelante.
- ✓ La perseverancia es clave: Santiago no se rindió después de sus primeros fracasos. Su determinación lo llevó a crear un negocio exitoso.
- ✓ La adaptación es fundamental: Santiago supo adaptar sus ideas a las necesidades del mercado y a las lecciones aprendidas en sus proyectos anteriores.

De una pasión compartida a un imperio de la joyería

Su pasión por la joyería las llevó a transformar un hobby en un negocio de gran éxito. Comenzaron creando piezas únicas en un pequeño taller, diseñando y elaborando cada joya con esmero. Su enfoque en la calidad y en la atención al detalle las diferenció rápidamente en el mercado.

Los inicios humildes

Al principio, vendían sus joyas a un círculo cercano de amigas y familiares. Sin embargo, su talento y creatividad no pasaron desapercibidos, y pronto comenzaron a recibir pedidos de personas que buscaban piezas exclusivas y con un toque personal.

El crecimiento de la marca

Con el paso del tiempo, Beatriz Camacho se convirtió en una marca reconocida a nivel nacional e internacional. Sus diseños elegantes y sofisticados conquistaron el corazón de muchas mujeres, y sus tiendas se convirtieron en un referente de la moda y el lujo en Colombia.

Los pilares de su éxito

- ✓ Pasión por la joyería: Su amor por el diseño y la creación de piezas únicas fue el motor que impulsó su negocio.
- ✓ Calidad: Cada joya es elaborada con materiales de alta calidad y con un cuidado exquisito en cada detalle.
- ✓ Diseño exclusivo: Sus diseños son originales y únicos, lo que las diferencias de otras marcas de joyería.
- ✓ Atención al cliente: Las hermanas Beatriz siempre han priorizado la satisfacción de sus clientes, ofreciendo un servicio personalizado y cercano.

Un legado de emprendimiento

Beatriz Uribe y Beatriz Camacho son un ejemplo de cómo la pasión, la creatividad y el trabajo duro pueden convertir un sueño en una realidad. Su historia inspira a muchos emprendedores colombianos a seguir sus pasiones y a construir negocios exitosos.

Un sueño hecho realidad

Todo comenzó a finales de los años 70, cuando Eduardo Macía y Beatriz Fernández, dos jóvenes universitarios, decidieron dejar atrás los libros y apostar por su propia aventura empresarial. Con una idea simple pero innovadora: ofrecer crepes y waffles de alta calidad en un ambiente acogedor, abrieron su primer local en Bogotá.

Los inicios humildes

El primer restaurante de Crepes & Waffles era pequeño y rústico, con una barra de madera y un ambiente informal. A pesar de los recursos limitados, la pareja tenía una visión clara: crear un lugar donde las personas pudieran disfrutar de comida deliciosa y saludable en un ambiente agradable.

Crecimiento y expansión

Con el paso de los años, Crepes & Waffles se convirtió en una de las cadenas de restaurantes más exitosas de Colombia.

La clave de su éxito radicó en:

- ✓ Calidad de los productos: Utilizan ingredientes frescos y de alta calidad, y sus recetas son elaboradas con mucho cuidado.
- ✓ Innovación: Constantemente están creando nuevos platos y combinaciones de sabores, lo que los mantiene a la vanguardia de la gastronomía.
- ✓ Compromiso social: Crepes & Waffles tiene un fuerte compromiso social y ambiental, apoyando a productores locales y promoviendo prácticas sostenibles.
- ✓ Experiencia del cliente: Buscan ofrecer una experiencia gastronómica única y memorable a sus clientes.

Un legado de emprendimiento

Hoy en día, Crepes & Waffles es mucho más que una cadena de restaurantes. Es una empresa que ha generado miles de empleos, ha apoyado a la agricultura local y se ha convertido en un referente de la gastronomía colombiana.

¿Qué podemos aprender de la historia de Crepes & Waffles?

- ✓ La pasión y la perseverancia son claves para el éxito.
- ✓ La calidad y la innovación son fundamentales para diferenciarse en el mercado.
- ✓ El compromiso social es un valor agregado para cualquier negocio.

- El cliente siempre debe ser el centro de atención.

Freddy Vega: El visionario detrás de Platzi

La mente maestra detrás de Platzi es Freddy Vega, un apasionado de la tecnología y la educación. Freddy identificó una gran necesidad en la región: la falta de acceso a educación de calidad en programación y desarrollo web. Con el objetivo de democratizar el conocimiento y empoderar a las personas a través de la tecnología, decidió crear Platzi.

Los inicios de Platzi

Platzi nació como un proyecto personal de Freddy, quien comenzó a compartir sus conocimientos a través de videos y tutoriales en línea. La plataforma rápidamente ganó popularidad, y pronto se convirtió en un referente para aquellos que querían aprender a programar.

De un proyecto personal a una empresa global

Con el tiempo, Platzi fue creciendo y evolucionando, gracias al apoyo de una comunidad cada vez más grande de estudiantes y profesionales. La plataforma se expandió más allá de los cursos de programación, ofreciendo una amplia variedad de cursos en áreas como diseño, marketing digital y emprendimiento.

Claves del éxito de Platzi

✓ Foco en el estudiante: Platzi siempre ha puesto al estudiante en el centro de todo. Sus cursos están diseñados para ser prácticos y fáciles de seguir, y la plataforma ofrece un entorno de aprendizaje colaborativo que permite a los estudiantes interactuar entre sí y con los profesores.

✓ Contenido de alta calidad: Los cursos de Platzi son impartidos por los mejores profesionales de la industriquienes comparten sus conocimientos y experiencias de manera clara y concisa.

✓ Comunidad activa: La comunidad de Platzi es uno de sus mayores activos. Los estudiantes pueden participar en foros, resolver dudas y colaborar en proyectos, creando un ambiente de aprendizaje continuo.

✓ Adaptación a las tendencias: Platzi se mantiene actualizado con las últimas tendencias del mercado laboral, ofreciendo cursos en las tecnologías más demandadas.

Platzi hoy

Hoy en día, Platzi es una de las plataformas de educación en línea más importantes de Latinoamérica, con millones de estudiantes en todo el mundo. La empresa ha logrado democratizar el acceso a la educación de calidad y ha empoderado a miles de personas a alcanzar sus metas profesionales.

¿Qué podemos aprender de la historia de Platzi?
- ✓ La pasión y la perseverancia son claves para el éxito.
- ✓ Identificar una necesidad en el mercado y ofrecer una solución innovadora puede ser muy rentable.
- ✓ La educación es una inversión a largo plazo.
- ✓ La comunidad es un activo valioso para cualquier empresa.

NuBank, de la nada a la cima

A menudo, las mejores ideas surgen cuando menos lo esperamos. David Vélez, el cerebro detrás de NuBank, lo supo muy bien. En un mercado dominado por bancos tradicionales, Vélez tuvo la audacia de imaginar un banco totalmente digital, sin sucursales físicas y con una experiencia de usuario sencilla e intuitiva. Al principio, pocos creyeron en su proyecto. Sin embargo, gracias a su perseverancia y a su enfoque en las necesidades de los clientes, NuBank se convirtió en uno de los bancos digitales más grandes de América Latina.

La historia de NuBank nos enseña que, con una buena idea, un equipo apasionado y mucha determinación, es posible transformar una industria y desafiar el status quo.

Del sueño a la hamburguesa más famosa de Barranquilla

Giancarlo Pugliese, un joven emprendedor barranquillero, tenía una visión clara: crear un espacio donde la buena comida, la cerveza artesanal y la música se unieran en una experiencia inolvidable. Así nació Porthos, un restaurante que hoy es sinónimo de hamburguesas de alta calidad y un ambiente único en la ciudad.

Al principio, no fue fácil. Giancarlo y su equipo enfrentaron desafíos como encontrar proveedores de calidad, construir una marca sólida y posicionarse en un mercado cada vez más competitivo. Sin embargo, su pasión por la gastronomía y su determinación los impulsaron a seguir adelante.

Una de las claves del éxito de Porthos fue su enfoque en la calidad de los ingredientes. Giancarlo se obsesionó con encontrar la carne perfecta, los panes más deliciosos y las salsas más sabrosas. Además, apostó por un ambiente relajado y acogedor, donde los clientes pudieran disfrutar de una buena comida en compañía de amigos.

Con el tiempo, Porthos se convirtió en un referente de la gastronomía barranquillera. Sus hamburguesas ganaron concursos y premios, y el restaurante se llenó de clientes fieles que valoraban la calidad y la autenticidad de su propuesta.

¿Qué podemos aprender de la historia de Porthos?
- ✓ La pasión es el motor del emprendimiento: Giancarlo Pugliese no solo creó un restaurante, sino que construyó un proyecto de vida basado en su pasión por la comida.
- ✓ La calidad es fundamental: Porthos demostró que ofreciendo productos y servicios de alta calidad se puede construir una marca sólida y duradera.
- ✓ La perseverancia es clave: El camino del emprendimiento está lleno de obstáculos, pero aquellos que perseveran son los que tienen más probabilidades de alcanzar el éxito.
- ✓ La adaptación es necesaria: El mercado cambia constantemente y las empresas exitosas son aquellas que saben adaptarse a las nuevas tendencias y necesidades de los consumidores.

La historia de "EcoModa"

María siempre fue una apasionada de la moda sostenible. Soñaba con crear una marca de ropa que combinara estilo y conciencia ambiental. Con ese objetivo en mente, lanzó "EcoModa", una línea de prendas elaboradas con materiales reciclados y producidas bajo estándares éticos.

Al principio, la respuesta del público fue muy positiva. María organizó eventos de lanzamiento, colaboró con influencers y creó una fuerte presencia en redes sociales. Sin embargo, a pesar de todo el esfuerzo, las ventas nunca despegaron como esperaba. Los costos de producción eran más altos de lo previsto, y encontrar proveedores confiables resultó ser un desafío constante. Además, el mercado de la moda sostenible, aunque en crecimiento, aún era muy competitivo.

A pesar del fracaso, María no se rindió. Analizó a fondo las razones detrás de su emprendimiento fallido y aprendió valiosas lecciones:

La importancia de un estudio de mercado exhaustivo: Antes de lanzar su marca, María había realizado una investigación de mercado, pero no había profundizado lo suficiente en los costos de producción y la competencia.

La necesidad de un plan financiero sólido: Subestimó los costos iniciales y no contaba con un fondo de emergencia para hacer frente a imprevistos.

La importancia de adaptarse al mercado: María se mantuvo fiel a su visión de una moda sostenible, pero no se adaptó a las tendencias del mercado ni a las necesidades de sus clientes.

¿Qué podemos aprender de la historia de EcoModa?

- ✓ El fracaso es parte del proceso: No todos los emprendimientos tienen éxito, y eso está bien. Lo importante es aprender de los errores y seguir adelante.
- ✓ La planificación es clave: Un plan de negocios bien estructurado puede ayudar a identificar y mitigar riesgos.
- ✓ La adaptación es esencial: El mercado cambia constantemente, y las empresas exitosas son aquellas que saben adaptarse a las nuevas tendencias.
- ✓ La pasión no siempre es suficiente: Si bien la pasión es un

ingrediente fundamental para el éxito, también es necesario contar con habilidades empresariales y un plan de negocios sólido.

El emprendedor que invirtió demasiado en marketing

Juan era un apasionado del café y decidió abrir su propia cafetería, "Aroma de Vida". Con una imagen de marca cuidada y un producto de calidad, Juan invirtió una gran parte de su capital inicial en una agresiva campaña de marketing digital. Creó un sitio web, lanzó campañas en redes sociales y contrató a influencers para promocionar su café. Sin embargo, a pesar de todo el esfuerzo, las ventas no despegaban como esperaba.

Lecciones aprendidas:

✓ El marketing es importante, pero no lo es todo: Invertir en marketing es fundamental, pero no garantiza el éxito. Es necesario complementar las acciones de marketing con una estrategia sólida de producto, servicio al cliente y posicionamiento.

✓ No todos los canales de marketing funcionan para todos los negocios: Es importante identificar los canales más efectivos para llegar al público objetivo y evitar invertir en aquellos que no generan resultados.

✓ La medición es clave: Es necesario realizar un seguimiento constante de las métricas de marketing para identificar qué funciona y qué no, y ajustar la estrategia en consecuencia.

El startup con un producto innovador, pero sin mercado

Ana desarrolló una aplicación móvil revolucionaria para conectar a personas con necesidades especiales con profesionales del cuidado. Su producto era innovador y respondía a una necesidad real, pero a pesar de sus esfuerzos por darlo a conocer, la aplicación no logró despegar.

Lecciones aprendidas:

- ✓ Un buen producto no siempre es suficiente: Aunque el producto sea innovador y resuelva un problema, es necesario que exista un mercado lo suficientemente grande y dispuesto a pagar por él.
- ✓ La validación del mercado es crucial: Antes de lanzar un producto al mercado, es fundamental realizar una investigación exhaustiva para identificar la demanda real y los potenciales clientes.
- ✓ La adaptación es clave: Si el mercado no está listo para un producto, es necesario adaptarlo o buscar nuevas oportunidades.

El emprendedor que lo quiso hacer todo solo

Carlos era un diseñador gráfico talentoso que decidió crear su propia agencia de diseño. Al principio, todo iba bien, pero a medida que la agencia crecía, Carlos se vio abrumado por la cantidad de trabajo. Intentó hacer todo él solo, desde atender a los clientes hasta diseñar los proyectos, lo que le llevó a trabajar largas jornadas y a descuidar otros aspectos de su vida. Finalmente, el estrés lo superó y tuvo que cerrar la agencia.

Lecciones aprendidas:
- ✓ Delegar es fundamental: No se puede hacer todo solo. Es necesario aprender a delegar tareas y construir un equipo de trabajo.
- ✓ El equilibrio entre vida personal y profesional es importante: Trabajar largas horas puede ser contraproducente y afectar la salud y el rendimiento.
- ✓ La importancia de establecer límites: Es necesario aprender a decir no y a priorizar las tareas.

***La historia de un emprendedor que no supo
adaptarse a los cambios del mercado***

Ana era una diseñadora de moda con una visión clara: crear una marca de ropa exclusiva para mujeres profesionales. Su primera colección fue un éxito rotundo, y su tienda física en el centro de la ciudad se convirtió rápidamente en un lugar de moda. Sin embargo, con el tiempo, las tendencias cambiaron y los consumidores comenzaron a buscar opciones más casuales y cómodas. Ana se aferró a su estilo clásico y exclusivo, rechazando la idea de adaptar sus diseños a las nuevas demandas del mercado. Como resultado, sus ventas comenzaron a disminuir y tuvo que cerrar la tienda.

Lecciones aprendidas:

✓ La importancia de la adaptación: El mercado es dinámico y los gustos de los consumidores cambian constantemente. Las empresas exitosas son aquellas que saben adaptarse a las nuevas tendencias y necesidades.

✓ La necesidad de escuchar al cliente: Es fundamental estar en contacto con los clientes y conocer sus opiniones y preferencias.

✓ La importancia de la innovación: La innovación es clave para mantenerse competitivo en un mercado en constante evolución.

El caso de un startup que no construyó una cultura de empresa sólida

Carlos y su equipo desarrollaron una aplicación móvil revolucionaria para la gestión de proyectos. Al principio, la empresa creció rápidamente y atrajo a importantes inversores. Sin embargo, a medida que la empresa se expandía, comenzaron a surgir conflictos internos y problemas de comunicación. La falta de una cultura de empresa sólida y de valores compartidos llevó a una alta rotación de empleados y a una disminución de la productividad.

Lecciones aprendidas:
- ✓ La importancia de una cultura de empresa sólida: Una cultura de empresa fuerte puede unir a los empleados, mejorar la comunicación y aumentar la productividad.
- ✓ La necesidad de liderazgo: Los líderes desempeñan un papel crucial en la construcción de una cultura de empresa positiva.
- ✓ La importancia de la comunicación: Una comunicación efectiva es esencial para evitar conflictos y mantener a los empleados motivados.

Capítulo 2. ¿Por qué emprender?

Este capítulo explora las razones que impulsan a las personas a emprender, destacando la importancia de conocer tus propias motivaciones y objetivos.

¿Por qué emprender?

Imagina tener un lienzo en blanco, un mundo de posibilidades a tus pies y la libertad de crear tu propia realidad. Suena como un sueño, ¿verdad? Pues bien, eso es lo que ofrece el emprendimiento. Pero, ¿por qué alguien querría lanzarse a esta aventura tan incierta?

La Llamada de la Independencia

Quizás sea la necesidad de romper las cadenas del empleo tradicional, de dejar de ser solo un engranaje más en la maquinaria corporativa. Ser tu propio jefe significa tomar las riendas de tu vida profesional, decidir tus horarios, establecer tus propias reglas y, lo más importante, trabajar en algo que te apasiona.

La Aventura de Crear Algo Propio

Hay una satisfacción única en construir algo desde cero, en ver cómo una idea se convierte en realidad. Es como ser el arquitecto de tu propio destino, diseñando cada ladrillo de tu imperio. Además, el emprendimiento te permite dejar tu huella en el mundo, crear soluciones a problemas reales y marcar la diferencia.

El Desafío de Superarse

Emprender es como escalar una montaña, cada paso te lleva más cerca de la cima, pero también te pone a prueba. Enfrentarás obstáculos, tomarás decisiones difíciles y aprenderás de tus errores. Sin embargo, es precisamente en estos momentos de desafío donde más crecerás como persona y como profesional.

¿Y el Dinero?

Sí, el dinero es importante, pero no debería ser la única motivación. El emprendimiento ofrece la oportunidad de generar ingresos ilimitados, pero también de lograr un equilibrio entre vida personal y profesional. Además, el dinero que ganas con tu propio negocio sabe mucho mejor, ya que es el fruto de tu esfuerzo y dedicación.

Pero, ¿Y si Fracaso?

El miedo al fracaso es uno de los principales obstáculos que impide a muchas personas emprender. Sin embargo, el fracaso es una parte inevitable del proceso. Lo importante es aprender de los errores y levantarse más fuerte. De hecho, muchos de los emprendedores más exitosos han fracasado varias veces antes de alcanzar el éxito.

¿Quién Puede Emprender?

Cualquiera puede emprender, siempre y cuando tenga una idea, pasión y determinación. No necesitas ser un genio de los negocios ni tener una fortuna para comenzar. Lo único que necesitas es creer en ti mismo y estar dispuesto a trabajar duro.

¿Cómo Empiezo?

- Identifica tu pasión: ¿Qué te encanta hacer? ¿Cuál es tu talento?
- Valida tu idea: ¿Existe un mercado para tu producto o servicio?
- Crea un plan de negocio: Define tus objetivos, estrategias y recursos.
- Busca mentores y socios: Rodéate de personas que te inspiren y te apoyen.
- Nunca te rindas: El camino del emprendedor está lleno de obstáculos, pero la recompensa es grande.

Emprender es mucho más que un simple negocio, es una forma de vida. Es una oportunidad para crecer, aprender y dejar tu huella en el mundo. Si estás buscando un desafío, si quieres ser tu propio jefe y si tienes una idea que te apasiona, entonces el emprendimiento es para ti.

Recuerda, el mayor riesgo es no intentar.
¡Anímate a volar solo y a crear tu propia realidad!

¿Y tú, qué esperas para emprender?

Preguntas para la Reflexión:

¿Cuál es tu mayor miedo al emprender?

¿Qué habilidades crees que necesitas desarrollar para ser un emprendedor exitoso?

¿Cuál es tu mayor motivación para emprender?

Ejercicio Didáctico Final:

Crea un "tablero de visión" para tu futuro negocio. Incluye imágenes, palabras y frases que representen tus sueños, metas y valores como emprendedor. Este ejercicio te ayudará a visualizar tu éxito y a mantenerte motivado.

Capítulo 3. El perfil del emprendedor

¿Alguna vez te has preguntado qué hace que alguien sea un emprendedor exitoso? ¿Es algo con lo que se nace o se puede aprender? En este capítulo vamos a desentrañar el misterio y descubrir las características y habilidades clave que definen a los emprendedores de éxito. ¡Así que prepárate para un viaje introspectivo y descubre si tienes lo que se necesita para construir tu propio imperio!

El Emprendedor: Un Ser de Otro Planeta (o No Tanto)

Imagina al emprendedor como un superhéroe con poderes especiales. Pero tranquilo, no necesitas saltar edificios ni disparar rayos láser. Los superpoderes del emprendedor son más como una combinación de habilidades y actitudes que te permiten ver oportunidades donde otros ven obstáculos.

Características clave del emprendedor:

- ✓ Visión: La capacidad de imaginar un futuro mejor y trabajar incansablemente para hacerlo realidad.
- ✓ Pasión: Un entusiasmo contagioso por lo que haces, que te impulsa a superar cualquier obstáculo.
- ✓ Resiliencia: La habilidad de levantarte después de una caída y seguir adelante.
- ✓ Adaptabilidad: La capacidad de cambiar de dirección rápidamente y aprovechar nuevas oportunidades.
- ✓ Liderazgo: La habilidad de inspirar y motivar a otros.
- ✓ Toma de decisiones: La capacidad de tomar decisiones rápidas y basadas en la información disponible.
- ✓ Creatividad: La habilidad de pensar fuera de la caja y encontrar soluciones innovadoras.
- ✓ Persistencia: La capacidad de seguir adelante a pesar de los obstáculos.

¿Tienes lo que se necesita? Un Test Rápido

Para ayudarte a evaluar si tienes el perfil de un emprendedor, responde las siguientes preguntas:

¿Te aburres fácilmente con la rutina?
¿Te gusta asumir riesgos calculados?
¿Eres una persona creativa y con ideas originales?
¿Tienes facilidad para resolver problemas?
¿Te sientes motivado por el éxito de los demás?
¿Eres capaz de trabajar de forma independiente?
¿Tienes una fuerte ética de trabajo?
¿Eres optimista y ves el lado positivo de las cosas?

Si respondiste que sí a la mayoría de estas preguntas, ¡enhorabuena! Tienes muchas de las características que definen a un emprendedor exitoso. Pero recuerda, esto es solo el principio.

Desarrollando tus Habilidades Emprendedoras

Si aún no te sientes del todo seguro, no te preocupes. Las habilidades emprendedoras se pueden desarrollar con el tiempo y la práctica. Aquí tienes algunas sugerencias:

- ✓ Lee libros y artículos sobre emprendimiento: Aprende de los expertos y de las experiencias de otros emprendedores.
- ✓ Asiste a eventos y conferencias: Conoce a otros emprendedores y amplía tu red de contactos.
- ✓ Toma cursos y talleres: Desarrolla nuevas habilidades y conocimientos.
- ✓ Busca un mentor: Encuentra a alguien con experiencia en emprendimiento que pueda guiarte.
- ✓ Empieza con un proyecto pequeño: Pon en práctica tus habilidades y gana confianza.

El Miedo al Fracaso: El Enemigo Número Uno

Todos tenemos miedo al fracaso, pero los emprendedores exitosos saben que el fracaso es una parte inevitable del proceso. En lugar de temerle al fracaso, debemos verlo como una oportunidad de aprender y crecer.

Consejos para superar el miedo al fracaso:

- ✓ Cambia tu perspectiva: En lugar de ver el fracaso como un final, míralo como un comienzo.
- ✓ Aprende de tus errores: Analiza lo que salió mal y encuentra formas de mejorar.
- ✓ Celebra tus pequeños triunfos: Reconoce tus logros y refuérzate positivamente.
- ✓ Rodéate de personas positivas: Busca el apoyo de amigos, familiares y mentores que crean en ti.

Ser emprendedor es una aventura emocionante y desafiante. Si tienes pasión, determinación y una mentalidad abierta, tienes todo lo que necesitas para tener éxito. Recuerda, el camino hacia el éxito no es fácil, pero la recompensa es grande.

¡Así que no lo dudes más y lánzate a la aventura!

Ejercicio Práctico: Crea tu propio manifiesto emprendedor

- ✓ Reflexiona: ¿Cuáles son tus valores más importantes como emprendedor?

- ✓ Define tus objetivos: ¿Qué quieres lograr con tu negocio?
- ✓ Identifica tus fortalezas: ¿Cuáles son tus mejores habilidades?
- ✓ Crea un mantra: Una frase corta y poderosa que te inspire cada día.

Ejemplo de manifiesto:

"Mi pasión es ayudar a las personas a vivir una vida más saludable. Quiero crear una empresa que ofrezca productos y servicios de bienestar de alta calidad. Soy una persona creativa, resiliente y determinada. Creo en el poder de la comunidad y en la importancia de dar algo a cambio."

Capítulo 4. Miedos y obstáculos

¿Alguna vez has sentido un nudo en el estómago al pensar en dejar la seguridad de tu empleo y lanzarte al mundo del emprendimiento? No estás solo. Todos los emprendedores, desde los más experimentados hasta los novatos, enfrentamos una serie de miedos y obstáculos que pueden paralizarnos. Pero no te preocupes, en este capítulo vamos a desenmascarar a esos "miedos y obstáculos" y te daremos las herramientas para enfrentarlos con valentía.

Miedos y obstáculos

Imagina tu mente como un armario lleno de miedos. Algunos son grandes y aterradores, como el miedo al fracaso, mientras que otros son más pequeños y escurridizos, como la duda de ti mismo. Estos son algunos de los monstruos más comunes que acechan a los emprendedores:

- ✓ El miedo al fracaso: ¿Qué pasará si mi negocio no funciona?
- ✓ La falta de confianza: ¿Soy lo suficientemente bueno para esto?
- ✓ La soledad: ¿Podré hacerlo todo solo?
- ✓ La incertidumbre: ¿Qué pasará mañana?
- ✓ El miedo a perder el control: ¿Podré mantener todo bajo control?
- ✓ La falta de dinero: ¿Tendré suficiente para sobrevivir?

¿Cómo Enfrentar a los Miedos?

- ✓ Reconócelos: El primer paso para vencer a un monstruo es reconocer que existe. Admite tus miedos y no los niegues.
- ✓ Entiéndelos: ¿Por qué tienes miedo de esto? ¿Qué es lo peor que podría pasar?
- ✓ Cuestiónalos: ¿Son tus miedos realmente racionales? ¿Hay alguna evidencia que los respalde?
- ✓ Reemplaza los miedos con acciones: En lugar de quedarte paralizado por el miedo, ¡haz algo!
- ✓ Busca apoyo: Rodéate de personas que te apoyen y te animen.

Ejercicio: Mapa de Miedos

Crea un mapa mental donde identifiques tus miedos más profundos. Luego, para cada miedo, escribe una lista de posibles soluciones o acciones que puedes tomar para superarlo.

Transformando Obstáculos en Oportunidades

Los obstáculos son como baches en el camino. En lugar de detenerte, puedes verlos como oportunidades para crecer y aprender. Aquí tienes algunas estrategias para superar los obstáculos:

- ✓ Cambia tu perspectiva: En lugar de ver los obstáculos como problemas, míralos como desafíos.
- ✓ Sé flexible: Adapta tu plan si es necesario.
- ✓ Busca soluciones creativas: Piensa fuera de la caja.
- ✓ Aprende de tus errores: El fracaso es una parte normal del proceso emprendedor.
- ✓ Celebra tus pequeños triunfos: Reconoce tus logros y refuérzate positivamente.

Construyendo una Mentalidad de Crecimiento

Una mentalidad de crecimiento es fundamental para el éxito en el emprendimiento. Creer en tu capacidad para aprender y mejorar te ayudará a superar cualquier obstáculo.

- ✓ Fíjate metas alcanzables: Divide tus objetivos en pequeños pasos para que sean más fáciles de lograr.
- ✓ Celebra tus logros: Reconoce tus avances y recompénsate.
- ✓ Rodéate de personas positivas: Busca mentores y amigos que te inspiren.
- ✓ Practica la gratitud: Céntrate en lo que tienes, en lugar de lo que te falta.
- ✓ Emprender es un viaje lleno de altibajos. Es normal sentir miedo e incertidumbre, pero recuerda que no estás solo. Al identificar tus miedos, desarrollar una mentalidad de crecimiento y rodearte de personas que te apoyen, podrás superar cualquier obstáculo y alcanzar tus sueños.

¡No dejes que el miedo te detenga!

Ejercicio Final: Crea tu propio mantra

Un mantra es una frase corta y poderosa que te ayuda a mantenerte motivado y enfocado. Crea un mantra personal que te recuerde tus

fortalezas y te inspire a seguir adelante.
   Ejemplo de mantra: "Yo puedo, yo quiero, yo lo logro."

Capítulo 5. La generación de ideas

¿Alguna vez has tenido una de esas ideas que te hacen exclamar "¡Eureka!"? Esa chispa que enciende la bombilla y te hace pensar: "Esto podría ser un negocio". Pues bien, en este capítulo vamos a explorar cómo transformar esas ideas fugaces en conceptos de negocio sólidos y viables. Prepárate para desatar tu creatividad y descubrir un mundo de posibilidades.

La generación de ideas

Imagina tu cerebro como una fábrica de ideas. Con las herramientas adecuadas, puedes convertir esa fábrica en una máquina de generar conceptos innovadores. Pero, ¿cómo encender la chispa de la creatividad?

Técnicas para Generar Ideas

- ✓ Brainstorming: ¡Libera tu mente! Escribe todas las ideas que se te ocurran, sin juzgarlas.
- ✓ Mind Mapping: Visualiza tus ideas a través de un diagrama. Conecta conceptos y descubre relaciones inesperadas.
- ✓ SCAMPER: Aplica esta técnica para modificar un producto o servicio existente: Sustituir, Combinar, Adaptar, Modificar, Proponer un nuevo uso, Eliminar, Invertir.
- ✓ 6 sombreros para pensar: Ponte diferentes sombreros (cada uno representa un punto de vista diferente) para analizar tu idea desde todos los ángulos.
- ✓ Analogías: Busca similitudes entre tu idea y otros conceptos, industrias o situaciones.

Casos de Éxito Inspiradores

- ✓ Airbnb: Nació de la necesidad de encontrar un lugar asequible para hospedarse durante una conferencia.
- ✓ Uber: Transformó la industria del transporte gracias a una app y la economía colaborativa.
- ✓ Instagram: Comenzó como una aplicación para compartir fotos con filtros, pero se convirtió en una de las redes sociales más grandes del mundo.

¿Cómo Saber Si Tu Idea es Buena?

Tener una idea es el primer paso, pero ¿cómo saber si es viable? Aquí tienes algunas preguntas claves:

¿Resuelve un problema real?
¿Hay un mercado para tu producto o servicio?
¿Puedes diferenciarte de la competencia?
¿Es rentable?
¿Tienes los recursos necesarios para llevarla a cabo?

Ejercicio: La Prueba de 90 segundos

Imagina que tienes que presentarle tu idea a un inversor. ¿Cómo la explicarías en 90 segundos? Practica tu "elevator pitch" para afinar tu propuesta.

De la Idea al Negocio

Una vez que tengas una idea prometedora, es hora de darle forma. Aquí tienes algunos pasos:

- ✓ Investigación de mercado: Analiza a tu competencia y a tu público objetivo.
- ✓ Plan de negocios: Desarrolla un plan detallado que incluya tus objetivos, estrategias y proyecciones financieras.
- ✓ Prototipo: Crea una versión inicial de tu producto o servicio para obtener feedback.
- ✓ Validación: Pon a prueba tu idea con clientes potenciales.

La generación de ideas es un proceso creativo y emocionante. Con las herramientas y técnicas adecuadas, puedes transformar tus ideas en negocios exitosos. Recuerda, la clave está en ser curioso, perseverante y abierto a nuevas posibilidades.

¡No tengas miedo de soñar en grande y de convertir tus sueños en realidad!

Ejercicios Adicionales

Técnica de los 100 usos: Elige un objeto común y escribe 100 usos diferentes que se le puedan dar.

Storming en grupo: Reúnete con amigos o colegas y hagan una sesión de brainstorming en torno a un tema específico.

Visita un espacio de coworking: Conoce a otros emprendedores y déjate inspirar por sus ideas.

Capítulo 6. Validación de la idea

Tener una gran idea es solo el primer paso en el camino del emprendimiento. Lo siguiente es asegurarse de que esa idea tiene el potencial de convertirse en un negocio exitoso. En este capítulo, exploraremos cómo validar tu idea de negocio, es decir, cómo comprobar si hay un mercado real para tu producto o servicio.

Validación de la idea
¿Por Qué es Importante Validar tu Idea?

Antes de invertir tiempo y recursos en desarrollar tu idea, es crucial validar su viabilidad. Esto te permitirá:

- ✓ Ahorrar dinero: Evitarás lanzar un producto o servicio que nadie quiere comprar.
- ✓ Aumentar tus posibilidades de éxito: Podrás ajustar tu idea en función de las necesidades del mercado.
- ✓ Reducir el riesgo: Tendrás una mayor certeza de que tu negocio será rentable.

Pasos para Validar tu Idea

- ✓ Define tu público objetivo: ¿A quién va dirigido tu producto o servicio?
- ✓ Analiza la competencia: ¿Quiénes son tus competidores directos e indirectos? ¿Qué hacen bien y qué puedes mejorar?
- ✓ Realiza una encuesta de mercado: Pregunta a tus potenciales clientes sobre sus necesidades, preferencias y disposición a pagar.
- ✓ Crea un mínimo producto viable (MVP): Desarrolla una versión básica de tu producto o servicio para obtener feedback de los usuarios.
- ✓ Realiza pruebas de concepto: Demuestra que tu idea es técnicamente viable.

Técnicas de Validación

- ✓ Entrevistas a expertos: Consulta a personas con experiencia en tu industria.
- ✓ Grupos focales: Reúne a un grupo de personas representativas de tu público objetivo para obtener feedback.
- ✓ Landing pages: Crea una página web sencilla para captar el interés de los usuarios y medir su respuesta.
- ✓ Pre-ventas: Ofrece tu producto o servicio a un grupo reducido de clientes antes de lanzarlo al mercado.

Casos Prácticos

Airbnb: Antes de lanzarse al mercado, los fundadores de Airbnb alquilaron sus propios colchones a los asistentes a una conferencia de diseño.

Zappos: Comenzó como una pequeña tienda online de zapatos y rápidamente se convirtió en uno de los mayores minoristas de calzado en línea.

Mitos Sobre la Validación

"Mi idea es única, por eso funcionará": La originalidad no es suficiente, también necesitas un mercado.

"Si construyo, ellos vendrán": Asumir que los clientes vendrán automáticamente a tu producto o servicio es un error común.

"No necesito validar mi idea, ya sé que va a funcionar": La validación te ayudará a ajustar tu idea y aumentar tus posibilidades de éxito.

Ejercicio: Crea tu Canvas de Valor

El Canvas de Valor es una herramienta visual que te ayuda a entender cómo tu producto o servicio crea valor para tus clientes. Completa este canvas para visualizar tu propuesta de valor.

Validar tu idea de negocio es una etapa crucial en el proceso de emprendimiento. Al invertir tiempo y esfuerzo en este proceso, estarás mejor preparado para tomar decisiones informadas y aumentar tus posibilidades de éxito.

Recuerda: La validación es un proceso continuo. A medida que tu negocio evoluciona, deberás seguir recopilando feedback y ajustando tu estrategia en consecuencia.

¡No tengas miedo de salir al mercado y poner a prueba tu idea!

Temas Adicionales para Explorar
- ✓ Métricas clave para medir el éxito de tu validación
- ✓ Cómo utilizar las redes sociales para validar tu idea
- ✓ La importancia de la retroalimentación de los clientes

Capítulo 7. El plan de negocio

Imagina que quieres construir una casa. Antes de levantar el primer ladrillo, necesitarás un plano detallado, ¿verdad? Lo mismo ocurre con tu negocio. Un plan de negocio es tu mapa de ruta, una guía que te llevará desde tu idea inicial hasta el éxito. En este capítulo, te enseñaremos a crear un plan de negocio sólido y realista que te ayudará a alcanzar tus objetivos.

El plan de negocio

¿Qué es un Plan de Negocio?

Un plan de negocio es un documento que describe tu idea de negocio, analiza el mercado, detalla tus estrategias y proyecta tus resultados financieros. Es como un currículum vitae para tu empresa, que presentas a posibles inversores o socios.

¿Por qué Necesitas un Plan de Negocio?

- ✓ Claridad: Te obliga a pensar detenidamente en cada aspecto de tu negocio.
- ✓ Orientación: Te proporciona una hoja de ruta clara para alcanzar tus objetivos.
- ✓ Atracción de inversión: Convence a inversores de que tu negocio es una buena oportunidad.
- ✓ Gestión: Te ayuda a tomar mejores decisiones y a hacer un seguimiento de tu progreso.

Estructura de un Plan de Negocio

- ✓ Resumen ejecutivo: Una breve descripción de tu negocio, incluyendo tu propuesta de valor y tus objetivos financieros.
- ✓ Descripción de la empresa: La historia de tu empresa, tu misión y visión.
- ✓ Análisis de mercado: Un estudio detallado de tu mercado, incluyendo a tus clientes, competidores y tendencias.
- ✓ Análisis de producto o servicio: Una descripción detallada de lo que ofreces.
- ✓ Plan de marketing y ventas: Cómo vas a dar a conocer tu producto y atraer clientes.
- ✓ Plan operativo: Cómo vas a producir o entregar tu producto o servicio.
- ✓ Plan financiero: Proyecciones de ingresos, gastos y flujo de caja.
- ✓ Análisis FODA: Fortalezas, Oportunidades, Debilidades y Amenazas.

Ejemplo de Plan de Negocio: Una Cafetería Ecológica

Imagina que quieres abrir una cafetería que utiliza granos de café de comercio justo y productos orgánicos. Tu plan de negocio podría incluir:

Resumen ejecutivo: Una cafetería ecológica que ofrece un ambiente acogedor y productos de alta calidad.

Análisis de mercado: El creciente interés de los consumidores por productos saludables y sostenibles.

Plan de marketing: Redes sociales, eventos locales y colaboraciones con otros negocios ecológicos.

Plan financiero: Proyecciones de ingresos basadas en el número de clientes y el precio promedio por venta.

Ejercicio: Crea tu Propio Canvas de Modelo de Negocio

El Canvas de Modelo de Negocio es una herramienta visual que te ayuda a visualizar tu idea de negocio de una manera sencilla. Completa los nueve bloques del canvas para tener una visión general de tu modelo de negocio.

Consejos Prácticos

✓ Sé realista: No te pongas metas demasiado ambiciosas.
✓ Sé flexible: Tu plan de negocio es un documento vivo, así que no tengas miedo de adaptarlo a medida que tu negocio evoluciona.
✓ Sé específico: Utiliza números y datos para respaldar tus afirmaciones.
✓ Busca ayuda: No dudes en pedir ayuda a expertos en contabilidad, marketing o finanzas.

Un plan de negocio es una herramienta invaluable para cualquier emprendedor. Te proporciona una hoja de ruta clara y te ayuda a tomar decisiones informadas. Recuerda, tu plan de negocio no es un documento estático, sino una guía que te acompañará a lo largo de todo tu viaje empresarial.

¡Ahora es tu turno!

¿Estás listo para crear tu propio plan de negocio? Recuerda que este es solo el comienzo de una emocionante aventura.

Capítulo 8. Financiamiento

Tener una gran idea de negocio es emocionante, pero convertir esa idea en realidad requiere de recursos. El dinero es el combustible que impulsará tu emprendimiento. En este capítulo, exploraremos las diferentes opciones de financiamiento disponibles para emprendedores y te ayudaremos a encontrar la que mejor se adapte a tus necesidades.

¿Por qué Necesitas Financiamiento?

El financiamiento te permitirá:

✓ Iniciar tu negocio: Cubrir los costos iniciales, como la compra de inventario, el alquiler de un local o el desarrollo de un producto.

✓ Hacer crecer tu negocio: Expandir tus operaciones, lanzar nuevos productos o servicios, o contratar a más empleados.

✓ Superar obstáculos: Cubrir gastos inesperados o invertir en marketing y publicidad.

Opciones de Financiamiento

✓ Fuentes Internas

✓ Ahorros personales: Tu propio dinero es la fuente de financiamiento más segura.

✓ Venta de activos: Puedes vender bienes personales para obtener capital.

✓ Fuentes Externas

✓ Amigos y familiares: Prestar dinero a cambio de una participación en tu negocio o intereses.

✓ Crowdfunding: Recaudar pequeñas cantidades de dinero de un gran número de personas a través de plataformas en línea.

✓ Business angels: Inversores individuales que aportan capital a cambio de una participación en tu empresa.

✓ Capital riesgo: Fondos de inversión que buscan empresas con alto potencial de crecimiento.

✓ Préstamos bancarios: Préstamos tradicionales otorgados por bancos.

✓ Subvenciones gubernamentales: Ayudas económicas otorgadas por el gobierno para fomentar el emprendimiento.

✓ Incubadoras y aceleradoras: Programas que ofrecen financiamiento, mentoría y otros recursos a startups.

¿Cómo Elegir la Opción Correcta?

Al elegir una opción de financiamiento, considera los siguientes factores:

✓ Monto de dinero necesario: ¿Cuánto dinero necesitas exactamente?
✓ Control: ¿Estás dispuesto a ceder parte del control de tu empresa a cambio de financiamiento?
✓ Dilución: ¿Cuánto se diluirá tu participación en la empresa?
✓ Condiciones: ¿Cuáles son los términos y condiciones del financiamiento?

Ejercicio: Crea una Matriz de Evaluación

Crea una tabla comparando las diferentes opciones de financiamiento en función de criterios como costo, control, tiempo de obtención y requisitos.

Consejos para Atraer Inversores

✓ Plan de negocio sólido: Un plan de negocio bien elaborado es esencial para convencer a los inversores.
✓ Equipo experimentado: Demuestra que tienes el equipo necesario para llevar a cabo tu proyecto.
✓ Tracción: Muestra que tu producto o servicio tiene demanda en el mercado.
✓ Escalabilidad: Demuestra que tu negocio tiene potencial de crecimiento.

Casos de Éxito

Airbnb: Comenzó con una pequeña inversión de amigos y familiares y ahora es una de las empresas más valiosas del mundo.

Uber: Recibió financiamiento de varios inversores de capital riesgo antes de convertirse en un gigante de la movilidad.

Obtener financiamiento para tu emprendimiento puede ser un desafío, pero no es imposible. Al comprender las diferentes opciones disponibles y al presentar una propuesta sólida, podrás atraer a los inversores adecuados.

Recuerda: El financiamiento es solo una pieza del rompecabezas. Lo más importante es tener una idea sólida, un equipo comprometido y una visión clara del futuro.

¡Ahora es tu turno!

¿Qué opciones de financiamiento consideras más adecuadas para tu

proyecto? ¿Qué pasos vas a dar para conseguir el dinero que necesitas?
¡No te rindas y sigue adelante con tu sueño empresarial!

Capítulo 9. Construcción del equipo

Imagina un equipo de fútbol. Cada jugador tiene una habilidad específica, pero juntos forman un equipo invencible. Lo mismo ocurre en los negocios. Un equipo sólido y complementario es fundamental para el éxito de cualquier emprendimiento. En este capítulo, exploraremos cómo construir un equipo de ensueño que te ayude a alcanzar tus objetivos.

Construcción del equipo
¿Por qué es Importante un Buen Equipo?
Un equipo sólido te permite:
- ✓ Aumentar la productividad: Diferentes habilidades y perspectivas se complementan para resolver problemas de manera más eficiente.
- ✓ Fomentar la innovación: La diversidad de pensamiento impulsa la creatividad y la generación de nuevas ideas.
- ✓ Mejorar la toma de decisiones: Un equipo diverso puede evaluar una situación desde múltiples ángulos.
- ✓ Aumentar la motivación: Trabajar en equipo puede ser más divertido y gratificante.

Cómo Construir un Equipo Sólido
- ✓ Define tus necesidades: ¿Qué habilidades y experiencia necesitas en tu equipo?
- ✓ Crea una cultura de empresa: Define los valores y la misión de tu empresa para atraer a personas que compartan tu visión.
- ✓ Recluta talento: Utiliza diferentes canales para encontrar a los mejores candidatos, como redes sociales, bolsas de trabajo y recomendaciones.
- ✓ Selecciona cuidadosamente: Realiza entrevistas estructuradas y pruebas para evaluar las habilidades y la cultura de los candidatos.
- ✓ Onboarding: Integra a los nuevos miembros del equipo de manera efectiva.

Características de un Equipo de Alto Rendimiento
- ✓ Diversidad: Una variedad de habilidades, experiencias y perspectivas.
- ✓ Complementariedad: Las fortalezas de unos compensan las debilidades de otros.
- ✓ Confianza: Un ambiente de confianza donde los miembros se sienten seguros para expresar sus opiniones.
- ✓ Comunicación efectiva: Canales de comunicación claros y abiertos.
- ✓ Compromiso: Todos los miembros están comprometidos con los objetivos del equipo.

Ejercicio: Perfil del Candidato Ideal
Crea un perfil detallado del candidato ideal para cada puesto de tu equipo. Incluye las habilidades técnicas, las competencias blandas y los valores que buscas.

Casos de Éxito

Google: Famoso por su cultura de innovación y por fomentar la diversidad en sus equipos.

Zappos: Una empresa que prioriza la cultura de empresa y la satisfacción de los empleados.

Desafíos Comunes y Cómo Superarlos

- ✓ Conflictos de personalidad: Fomenta la comunicación abierta y el respeto mutuo.
- ✓ Falta de compromiso: Establece objetivos claros y celebra los logros del equipo.
- ✓ Dificultades de comunicación: Implementa herramientas y procesos de comunicación efectivos.

Construir un equipo sólido es una inversión a largo plazo. Al seleccionar cuidadosamente a los miembros de tu equipo y fomentar una cultura de colaboración y respeto, estarás sentando las bases para el éxito de tu negocio.

Recuerda: Un equipo de ensueño no se construye de la noche a la mañana. Requiere tiempo, esfuerzo y dedicación.

¡Ahora es tu turno!

¿Qué características buscas en los miembros de tu equipo? ¿Qué estrategias utilizarás para construir un equipo sólido y complementario?

Capítulo 10. Marketing y ventas

Tener un producto o servicio genial es solo el primer paso. Ahora necesitas que el mundo lo sepa. El marketing y las ventas son como los altavoces de tu negocio, amplificando tu mensaje y atrayendo clientes. En este capítulo, exploraremos las estrategias más efectivas para dar a conocer tu marca y generar ventas.

¿Qué es el Marketing y las Ventas?

Marketing: El arte de crear valor para los clientes y construir relaciones sólidas con ellos. Es como una conversación con tu público objetivo, donde les cuentas por qué tu producto o servicio es la solución a sus problemas.

Ventas: El proceso de convertir esos prospectos en clientes pagados. Es como cerrar un trato y llevar a cabo la transacción.

La Importancia del Marketing y las Ventas

Un buen plan de marketing y ventas te permitirá:

- ✓ Aumentar tu visibilidad: Hacer que tu negocio sea conocido por más personas.
- ✓ Atraer clientes: Conseguir que los clientes potenciales se interesen en tus productos o servicios.
- ✓ Generar ventas: Convertir a esos clientes potenciales en clientes reales.
- ✓ Construir una marca fuerte: Crear una identidad de marca que resuene con tu público objetivo.

Estrategias de Marketing

- ✓ Marketing digital: Utiliza herramientas online como redes sociales, SEO, email marketing y publicidad en línea para llegar a tu audiencia.
- ✓ Marketing de contenidos: Crea contenido de valor (blogs, videos, infografías) para atraer y retener a tu audiencia.
- ✓ Marketing de relaciones públicas: Utiliza los medios de comunicación para generar notoriedad y credibilidad.
- ✓ Marketing de eventos: Organiza eventos o participa en ferias y congresos para conectar con tu público.
- ✓ Marketing boca a boca: Fomenta que tus clientes satisfechos hablen bien de tu negocio.

Estrategias de Ventas

- ✓ Ventas directas: Vender tus productos o servicios directamente a los clientes.
- ✓ Ventas consultivas: Ayudar a los clientes a encontrar la solución más adecuada a sus necesidades.
- ✓ Ventas por teléfono: Contactar a los clientes por teléfono para presentarles tus productos o servicios.

- ✓ Ventas online: Vender a través de tu sitio web o plataformas de comercio electrónico.

Caso Práctico: Un Influencer de Moda

Imagina que eres un influencer de moda. Puedes utilizar tus redes sociales para promocionar marcas de ropa, organizar sorteos y colaborar con otros influencers para aumentar tu alcance.

Ejercicio: Crea tu Propio Plan de Marketing

- ✓ Define tu público objetivo: ¿A quién quieres llegar?
- ✓ Establece tus objetivos: ¿Qué quieres lograr con tu estrategia de marketing?
- ✓ Elige tus canales: ¿Qué canales utilizarás para llegar a tu audiencia?
- ✓ Crea un calendario de contenidos: Planifica qué contenido publicarás y cuándo.
- ✓ Mide tus resultados: Utiliza herramientas de análisis para medir el éxito de tu estrategia.

El marketing y las ventas son fundamentales para el éxito de cualquier negocio. Al combinar diferentes estrategias y adaptarlas a tu público objetivo, podrás construir una marca sólida y generar un flujo constante de clientes.

Recuerda: El marketing y las ventas son un proceso continuo. Debes estar dispuesto a experimentar y ajustar tu estrategia a medida que tu negocio evoluciona.

¡Ahora es tu turno!

Capítulo 11. Gestión del tiempo y la productividad

¿Alguna vez has tenido la sensación de que el día tiene menos de 24 horas? La gestión del tiempo es un desafío al que se enfrentan todos, desde estudiantes hasta empresarios. Pero no te preocupes, con las herramientas y estrategias adecuadas, puedes optimizar tu tiempo y ser más productivo. En este capítulo, te enseñaremos cómo dominar el arte de la gestión del tiempo y hacer más en menos tiempo.

¿Por qué es Importante la Gestión del Tiempo?

La gestión del tiempo no solo te ayuda a ser más eficiente, sino que también te permite:

✓ Reducir el estrés: Al tener un mejor control de tu tiempo, te sentirás menos abrumado.
✓ Aumentar tu productividad: Lograrás más en menos tiempo.
✓ Mejorar la calidad de tu trabajo: Al tener más tiempo para concentrarte en cada tarea, podrás realizar un trabajo de mayor calidad.
✓ Tener más tiempo libre: Al ser más eficiente, tendrás más tiempo para disfrutar de las cosas que te gustan.

Estrategias para Gestionar tu Tiempo

✓ Planificación
✓ Establece metas claras: Define qué quieres lograr a corto y largo plazo.
✓ Crea un horario: Asigna tiempo específico para cada tarea.
✓ Prioriza tus tareas: Identifica las tareas más importantes y urgentes.
✓ Utiliza herramientas de planificación: Calendarios, listas de tareas, aplicaciones de productividad.
✓ Organización
✓ Mantén un espacio de trabajo ordenado: Un ambiente limpio y organizado favorece la concentración.
✓ Digitaliza: Utiliza herramientas digitales para almacenar y organizar tus documentos.
✓ Elimina distracciones: Apaga las notificaciones, cierra las pestañas innecesarias y busca un lugar tranquilo para trabajar.

Ejecución

✓ Técnica Pomodoro: Trabaja en intervalos de 25 minutos con descansos cortos.
✓ Delega tareas: No tengas miedo de pedir ayuda.
✓ Aprende a decir que no: No te sobrecargues de trabajo.

Ejercicio: Matriz de Eisenhower

La matriz de Eisenhower es una herramienta útil para priorizar tareas. Divide tus tareas en cuatro cuadrantes:

1. Urgente e importante: Hazlas lo antes posible.
2. Importante, pero no urgente: Planifica un tiempo específico

para ellas.
3. Urgente, pero no importante: Delega estas tareas si es posible.
4. Ni urgente ni importante: Elimina estas tareas o posponlas.

Caso Práctico: Un Estudiante Universitario

Imagina que eres un estudiante universitario con muchas tareas y exámenes. Puedes utilizar un planificador para organizar tu tiempo, establecer un horario de estudio y utilizar la técnica Pomodoro para mejorar tu concentración.

Superando los Obstáculos

- ✓ Procrastinación: Identifica las causas de tu procrastinación y busca estrategias para superarla.
- ✓ Distracciones digitales: Utiliza aplicaciones que bloqueen sitios web o notificaciones.
- ✓ Falta de motivación: Establece recompensas y celebra tus logros.

Conclusión

La gestión del tiempo es una habilidad que se puede aprender y mejorar con la práctica. Al implementar estas estrategias, podrás aumentar tu productividad, reducir el estrés y alcanzar tus objetivos.

Recuerda: La gestión del tiempo es un proceso continuo. No te desanimes si no ves resultados inmediatos. Sé paciente y persistente.

¡Ahora es tu turno!

Capítulo 12. Escalamiento del negocio

Cómo hacer crecer tu empresa de manera sostenible.

¡Has construido un negocio sólido! ¡Felicidades! Pero, ¿y si te dijera que esto es solo el comienzo? Llegó el momento de pensar en grande y hacer crecer tu empresa. Escalar un negocio es como construir un edificio más alto: requiere planificación, recursos y una ejecución sólida. En este capítulo, te guiaremos a través de los pasos para hacer crecer tu negocio de manera sostenible y sin perder el control.

Escalamiento del negocio

¿Qué Significa Escalar un Negocio?

Escalar un negocio significa expandir tus operaciones para aumentar tus ingresos y tu cuota de mercado. Puede involucrar abrir nuevas ubicaciones, lanzar nuevos productos o servicios, o entrar en nuevos mercados.

¿Por qué Escalar tu Negocio?

- ✓ Mayor rentabilidad: Aumentar tus ingresos y reducir tus costos fijos por unidad.
- ✓ Mayor visibilidad: Convertirte en un jugador más importante en tu industria.
- ✓ Mayor impacto: Hacer una diferencia más significativa en tu mercado.

Los Desafíos del Escalamiento

Escalar un negocio no es tarea fácil. Algunos de los desafíos más comunes incluyen:

- ✓ Problemas de crecimiento: Dificultad para mantener la calidad y la eficiencia a medida que la empresa crece.
- ✓ Escasez de recursos: Necesidad de más capital, personal y tiempo.
- ✓ Pérdida de la cultura empresarial: Dificultad para mantener la cultura de la empresa a medida que se expande.

Cómo Escalar tu Negocio de Manera Sostenible

Planificación Estratégica

- ✓ Define tus objetivos: ¿Dónde quieres que esté tu negocio en 5 años?
- ✓ Identifica tus fortalezas y debilidades: ¿Qué te hace único y en qué necesitas mejorar?
- ✓ Analiza el mercado: ¿Cuáles son las oportunidades y amenazas en tu industria?

Construyendo un Equipo Sólido

- ✓ Contrata el talento adecuado: Busca personas con las habilidades y la actitud correctas.
- ✓ Delega tareas: Confía en tu equipo para que te ayude a llevar a cabo las tareas.
- ✓ Fomenta la cultura empresarial: Crea un ambiente de trabajo positivo y motivador.
- ✓ Optimización de Procesos

- ✓ Automatiza tareas repetitivas: Utiliza herramientas y software para aumentar la eficiencia.
- ✓ Mejora la comunicación: Implementa sistemas de comunicación claros y efectivos.
- ✓ Mide tus resultados: Utiliza métricas para evaluar el desempeño de tu negocio.
- ✓ Gestión Financiera
- ✓ Prevé tus necesidades de capital: Asegúrate de tener suficiente dinero para financiar tu crecimiento.
- ✓ Controla tus gastos: Realiza un seguimiento cuidadoso de tus ingresos y gastos.
- ✓ Invierte en tecnología: Utiliza herramientas tecnológicas para mejorar la eficiencia y la productividad.

Caso Práctico: Un Startup de Tecnología

Imagina que tienes un startup de tecnología que ha desarrollado una aplicación móvil muy popular. Para escalar tu negocio, puedes considerar lanzar una versión de la aplicación para otros sistemas operativos, expandirte a nuevos mercados o desarrollar productos complementarios.

Ejercicio: Plan de Escalamiento

Crea un plan de escalamiento que incluya los siguientes elementos:
- ➢ Objetivos a corto y largo plazo
- ➢ Estrategias de marketing y ventas
- ➢ Necesidades de financiamiento
- ➢ Plan de contratación
- ➢ Métricas clave para medir el éxito

Escalar un negocio es un viaje emocionante pero desafiante. Al planificar cuidadosamente, construir un equipo sólido y optimizar tus procesos, podrás hacer crecer tu empresa de manera sostenible y alcanzar todo tu potencial.

Escalar un negocio es un viaje emocionante pero desafiante. Al planificar cuidadosamente, construir un equipo sólido y optimizar tus procesos, podrás hacer crecer tu empresa de manera sostenible y alcanzar todo tu potencial.

Recuerda: Escalar no se trata solo de crecer más grande, sino de crecer mejor. Mantén siempre en mente la visión de tu empresa y los valores que la sustentan.

¡Ahora es tu turno!

¿Estás listo para llevar tu negocio al siguiente nivel? ¿Qué desafíos crees que enfrentarás al escalar?

Capítulo 13. Resiliencia y perseverancia

Cómo mantener la motivación y superar los desafíos. Emprender es como navegar por un mar lleno de tormentas. Habrá días soleados y otros donde el viento soplará con fuerza. La resiliencia y la perseverancia son como los salvavidas que te mantendrán a flote en los momentos más difíciles. En este capítulo, exploraremos cómo desarrollar estas cualidades y superar los desafíos que inevitablemente surgirán en tu camino como emprendedor.

Resiliencia y perseverancia
¿Qué es la Resiliencia y la Perseverancia?

Resiliencia: Es la capacidad de adaptarse y recuperarse de situaciones difíciles. Es como un resorte que vuelve a su posición original después de ser comprimido.

Perseverancia: Es la capacidad de continuar esforzándote a pesar de los obstáculos. Es como un corredor de fondo que sigue adelante a pesar del cansancio.

¿Por qué son Importantes en el Emprendimiento?

- ✓ Superar el fracaso: El fracaso es parte del proceso emprendedor. La resiliencia te ayudará a levantarte y seguir adelante.
- ✓ Mantener la motivación: La perseverancia te permitirá mantener tu enfoque en tus objetivos a largo plazo.
- ✓ Tomar decisiones difíciles: La resiliencia te dará la fuerza para tomar decisiones difíciles, incluso cuando las cosas se pongan complicadas.

Cómo Desarrollar la Resiliencia y la Perseverancia

- ✓ Cultiva una Mentalidad Positiva
- ✓ Agradecimiento: Enfócate en lo que tienes, no en lo que te falta.
- ✓ Visualización: Imagina el éxito y permite que esa imagen te motive.
- ✓ Afirmaciones positivas: Repítete frases que te empoderen y te recuerden tus capacidades.
- ✓ Aprende de los Fracasos
- ✓ Analiza tus errores: Identifica qué salió mal y qué puedes aprender de ello.
- ✓ Cambia tu perspectiva: Ve los fracasos como oportunidades de crecimiento.
- ✓ Celebra los pequeños triunfos: Reconoce tus logros, por más pequeños que sean.
- ✓ Construye una Red de Apoyo
- ✓ Rodéate de personas positivas: Busca mentores, amigos y familiares que te apoyen.
- ✓ Únete a comunidades de emprendedores: Conectar con otros emprendedores te ayudará a sentirte menos solo.
- ✓ Busca ayuda profesional: Un terapeuta o coach puede ayudarte a desarrollar herramientas de afrontamiento.
- ✓ Cuida de ti Mismo

- ✓ Descansa lo suficiente: Un cuerpo descansado es una mente clara.
- ✓ Haz ejercicio regularmente: La actividad física reduce el estrés y mejora el estado de ánimo.
- ✓ Practica mindfulness: La atención plena te ayudará a estar más presente y a manejar el estrés de manera más efectiva.

Ejercicio: Diario de Gratitud

Dedica unos minutos cada día a escribir tres cosas por las que estás agradecido. Esto te ayudará a cultivar una actitud positiva y a apreciar lo que tienes.

Caso Práctico: Un Emprendedor que Fracasa en su Primer Negocio

Imagina que un emprendedor invierte todos sus ahorros en un negocio que finalmente fracasa. En lugar de rendirse, decide analizar las razones de su fracaso, aprende de sus errores y utiliza esa experiencia para lanzar un nuevo negocio con más éxito.

Conclusión

La resiliencia y la perseverancia son cualidades esenciales para cualquier emprendedor. Al cultivar estas cualidades, podrás superar los desafíos, mantener tu motivación y alcanzar tus objetivos.

Recuerda: El camino del emprendedor está lleno de altibajos. Lo importante es levantarte cada vez que caigas y seguir adelante.

¡Ahora es tu turno!

¿Cuál ha sido tu mayor desafío hasta el momento? ¿Cómo has logrado superarlo? Comparte tu historia y motiva a otros emprendedores.

Capítulo 14. Equilibrio entre vida personal y profesional

Cómo gestionar el estrés y encontrar un equilibrio saludable. ¿Te sientes como si estuvieras corriendo en una cinta sin fin? El mundo empresarial puede ser exigente y es fácil dejar que el trabajo consuma toda nuestra energía. Sin embargo, un negocio exitoso no se construye solo con trabajo duro. Necesitamos encontrar un equilibrio entre nuestra vida profesional y personal para mantenernos saludables, felices y productivos. En este capítulo, exploraremos cómo lograr ese equilibrio y cómo gestionar el estrés que inevitablemente surge en el camino.

Equilibrio entre vida personal y profesional

El equilibrio entre la vida laboral y personal es crucial porque:

✓ Aumenta la productividad: Una mente descansada y un cuerpo sano son más eficientes.

✓ Reduce el estrés: El exceso de estrés puede afectar tu salud física y mental.

✓ Mejora las relaciones: Te permite dedicar tiempo a tus seres queridos.

✓ Aumenta la creatividad: El descanso y la diversión estimulan la creatividad.

Los Desafíos del Equilibrio

✓ La cultura del trabajo excesivo: A menudo se valora a quienes trabajan más horas.

✓ La tecnología: Los dispositivos móviles nos conectan al trabajo las 24 horas del día, los 7 días de la semana.

Las demandas de la vida personal: Familia, amigos y hobbies también compiten por nuestro tiempo.

Estrategias para Lograr el Equilibrio

Establece Límites

✓ Define un horario de trabajo: Establece horas claras de inicio y finalización.

✓ Crea un espacio de trabajo: Separa tu espacio de trabajo de tu espacio personal.

✓ Desconéctate: Apaga los dispositivos electrónicos durante tu tiempo libre.

✓ Prioriza Tus Tareas

✓ Identifica lo importante: Concéntrate en las tareas que realmente importan.

✓ Delega: No tengas miedo de pedir ayuda.

✓ Aprende a decir que no: No te sobrecargues de trabajo.

✓ Cuida de Ti Mismo

✓ Duerme lo suficiente: El sueño es esencial para la salud física y mental.

✓ Haz ejercicio regularmente: La actividad física reduce el estrés y mejora el estado de ánimo.

✓ Come saludable: Una dieta equilibrada te proporciona la energía

que necesitas.
- ✓ Relájate: Dedica tiempo a actividades que disfrutas.
- ✓ Construye una Red de Apoyo
- ✓ Habla con tus seres queridos: Comparte tus sentimientos y preocupaciones.
- ✓ Busca un mentor: Un mentor puede ofrecerte consejos y apoyo.
- ✓ Únete a grupos de apoyo: Conectar con otras personas que enfrentan desafíos similares puede ser muy útil.

Ejercicio: Rueda de la Vida

Dibuja una rueda con ocho secciones. Cada sección representa un área de tu vida (trabajo, relaciones, salud, etc.). Califica cada área de 1 a 10 y observa si hay alguna área que necesite más atención.

Caso Práctico: Un Emprendedor Quemado

Imagina a un emprendedor que trabaja día y noche sin descanso. Empieza a experimentar problemas de salud, sus relaciones se deterioran y su negocio comienza a sufrir. Se da cuenta de que necesita encontrar un equilibrio entre su vida laboral y personal.

Conclusión

Lograr un equilibrio entre la vida personal y profesional es un viaje continuo. No se trata de encontrar una fórmula mágica, sino de encontrar lo que funciona mejor para ti. Al establecer límites, priorizar tus tareas, cuidar de ti mismo y construir una red de apoyo, podrás vivir una vida más plena y satisfactoria.

Recuerda: El equilibrio no es un destino, sino un viaje. Permítete adaptarte y evolucionar a medida que tu vida cambia.

¡Ahora es tu turno!

Capítulo 15. Aprendizaje continuo

La importancia de la formación y el desarrollo personal.

Imagina que tu cerebro es un músculo. Al igual que cualquier músculo, necesita ser ejercitado para mantenerse fuerte y saludable. El aprendizaje continuo es como la rutina de ejercicios para tu cerebro. Te ayuda a crecer, a adaptarte a los cambios y a alcanzar tu máximo potencial. En este capítulo, exploraremos por qué el desarrollo personal es tan importante, especialmente en el mundo empresarial, y te daremos algunas herramientas para que puedas incorporar el aprendizaje continuo en tu vida.

Aprendizaje continuo
¿Por qué es Importante el Aprendizaje Continuo?

El mundo cambia a un ritmo vertiginoso y las habilidades que son valiosas hoy pueden quedar obsoletas mañana. El aprendizaje continuo te permite:

- ✓ Adaptarte al cambio: Estar actualizado sobre las últimas tendencias y tecnologías.
- ✓ Aumentar tu empleabilidad: Desarrollar nuevas habilidades que te hagan más atractivo para los empleadores.
- ✓ Fomentar la creatividad: El aprendizaje te ayuda a pensar fuera de la caja y a encontrar nuevas soluciones.
- ✓ Aumentar tu confianza: Cuanto más aprendes, más seguro te sientes de tus capacidades.
- ✓ Los Beneficios del Desarrollo Personal
- ✓ Crecimiento profesional: Adquirir nuevas habilidades y conocimientos te permitirá avanzar en tu carrera.
- ✓ Satisfacción personal: El aprendizaje continuo te brinda un sentido de propósito y realización.
- ✓ Ampliación de redes: Conocer a nuevas personas a través de cursos y talleres.
- ✓ Mayor resiliencia: El aprendizaje te ayuda a enfrentar los desafíos de manera más efectiva.

Cómo Incorporar el Aprendizaje Continuo en Tu Vida

- ✓ Define Tus Objetivos de Aprendizaje
- ✓ Identifica tus áreas de mejora: ¿En qué aspectos quieres mejorar?
- ✓ Establece metas SMART: Tus objetivos deben ser Específicos, Medibles, Alcanzables, Relevantes y con un Tiempo definido.
- ✓ Crea una Rutina de Aprendizaje
- ✓ Dedica tiempo cada día: Incluso unos pocos minutos al día pueden marcar la diferencia.
- ✓ Varía tus métodos de aprendizaje: Lee libros, escucha podcasts, toma cursos online, asiste a talleres, etc.
- ✓ Busca un mentor: Un mentor puede guiarte y ofrecerte consejos.
- ✓ Únete a una Comunidad de Aprendizaje
- ✓ Grupos de estudio: Conéctate con personas que comparten tus intereses.

- ✓ Foros online: Participa en debates y discusiones.
- ✓ Redes sociales: Sigue a expertos en tu campo.

Crea un mapa mental que visualice tus objetivos de aprendizaje, las habilidades que quieres desarrollar y los recursos que tienes a tu disposición.

Caso Práctico: Un Emprendedor Tecnológico

Imagina a un emprendedor que fundó un startup de tecnología hace cinco años. Para mantenerse competitivo, decide tomar cursos de programación y marketing digital para aprender las últimas tendencias en su industria.

Conclusión

El aprendizaje continuo es una inversión en ti mismo. Al dedicar tiempo y esfuerzo a tu desarrollo personal, estarás mejor preparado para enfrentar los desafíos del futuro y alcanzar tus metas.

Recuerda: El aprendizaje es un viaje, no un destino. Disfruta del proceso y no tengas miedo de explorar nuevas áreas.

¡Ahora es tu turno!

¿Qué estás aprendiendo actualmente? ¿Cuáles son tus mayores obstáculos en cuanto al aprendizaje continuo?

Capítulo 16. El legado del emprendedor

Reflexiones sobre el impacto a largo plazo de tu emprendimiento.

Emprender no es solo construir un negocio exitoso, es construir un legado. Es dejar una marca en el mundo, más allá de los números y las ganancias. En este capítulo, vamos a reflexionar sobre el impacto a largo plazo de tu emprendimiento. ¿Qué huella quieres dejar? ¿Cómo quieres que te recuerden?

El legado del emprendedor
¿Qué es el Legado de un Emprendedor?
El legado de un emprendedor es el impacto duradero que tiene su negocio en la sociedad, en su industria y en las personas que lo rodean. Es la historia que se cuenta sobre tu empresa después de que ya no estés al frente.

¿Por qué es Importante Pensar en tu Legado?
- ✓ Propósito: Te da un sentido más profundo de propósito y te motiva a ir más allá de las ganancias a corto plazo.
- ✓ Decisiones: Te ayuda a tomar decisiones estratégicas alineadas con tus valores y visión a largo plazo.
- ✓ Inspiración: Sirve de inspiración para otros emprendedores y para las futuras generaciones.

Elementos de un Legado Duradero
- ✓ Valores: Los valores fundamentales que guían tu negocio y las decisiones que tomas.
- ✓ Impacto social: La contribución positiva que haces a la sociedad.
- ✓ Innovación: Tu capacidad para crear soluciones nuevas y disruptivas.
- ✓ Cultura empresarial: El ambiente de trabajo que fomentas y los valores que transmites a tu equipo.

Cómo Construir un Legado Duradero
- ✓ Define tu Visión
- ✓ ¿Cuál es tu propósito más allá de las ganancias?
- ✓ ¿Qué problema quieres resolver?
- ✓ ¿Qué cambio quieres generar?
- ✓ ¿Qué valores quieres transmitir?
- ✓ ¿Cómo quieres que te recuerden tus empleados, clientes y socios?

Construye una Marca Fuerte
- ✓ Identidad de marca: Desarrolla una marca que represente tus valores y tu visión.
- ✓ Experiencia del cliente: Crea experiencias memorables para tus clientes.
- ✓ Reputación: Construye una reputación sólida basada en la confianza y la integridad.

Invierte en tu Equipo
- ✓ Desarrollo profesional: Invierte en la formación y el desarrollo de

tus empleados.
- ✓ Cultura de empresa: Fomenta una cultura de colaboración, innovación y respeto.
- ✓ Sucesión: Planifica la sucesión de tu negocio para asegurar su continuidad.

Deja un Impacto Social
- ✓ Responsabilidad social corporativa: Implementa prácticas sostenibles y éticas.
- ✓ Filantropía: Apoya causas que te importan.
- ✓ Mentoría: Transmite tus conocimientos y experiencia a otros emprendedores.

Ejercicio: Carta a tu Futuro Yo

Escríbete una carta a ti mismo en 10 años. ¿Qué has logrado? ¿Qué impacto has tenido? ¿Qué consejo le darías a tu yo presente?

Caso Práctico: Un Emprendedor Social

Imagina a un emprendedor que creó una empresa de tecnología social para mejorar la educación en comunidades marginadas. Su legado va más allá de las ganancias financieras; se trata de empoderar a las próximas generaciones y reducir la desigualdad.

Conclusión

Construir un legado es un viaje, no un destino. Es un proceso continuo de aprendizaje, crecimiento y evolución. Al definir tu visión, construir una marca fuerte, invertir en tu equipo y dejar un impacto social, estarás construyendo un legado que perdurará en el tiempo.

Recuerda: Tu negocio es más que un simple producto o servicio. Es una oportunidad para hacer una diferencia positiva en el mundo.

¡Ahora es tu turno!

Capítulo 17. ¿Emprender o no Emprender?

La Decisión Final
Hemos recorrido un largo camino juntos, explorando los desafíos y las recompensas del emprendimiento. Hemos hablado de ideas, de planes de negocios, de financiamiento, de marketing, de gestión de equipos y, finalmente, de legado. Ahora, es momento de hacer un alto y reflexionar. ¿Emprender es para ti?

Recapitulando el Viaje

Recuerda cuando empezamos este viaje. Hablamos de la pasión, de la innovación, de la libertad que ofrece el emprendimiento. Pero también mencionamos los riesgos, la incertidumbre y el trabajo duro que implica. Cada capítulo ha sido una pieza de este rompecabezas, una pieza que te ha ayudado a construir una imagen más clara de lo que significa ser un emprendedor.

¿Emprender o no Emprender? Esa es la Pregunta

La decisión de emprender es una de las más importantes que tomarás en tu vida. No hay una respuesta correcta o incorrecta. Lo que es correcto para una persona puede no serlo para otra.

Algunos factores a considerar:

- ✓ Tu perfil: ¿Eres una persona creativa, arriesgada, con capacidad de liderazgo?
- ✓ Tu idea: ¿Tu idea resuelve un problema real? ¿Tiene potencial de mercado?
- ✓ Tus recursos: ¿Tienes el capital, el tiempo y las habilidades necesarias?
- ✓ Tu tolerancia al riesgo: ¿Estás dispuesto a enfrentar la incertidumbre?

La Mente de un Emprendedor

Ser emprendedor no es solo tener una buena idea. Es una forma de pensar, una actitud. Un emprendedor es:

- ✓ Creativo: Siempre buscando nuevas soluciones.
- ✓ Adaptable: Capaz de cambiar de dirección cuando sea necesario.
- ✓ Resiliente: Capaz de superar los obstáculos.
- ✓ Apasionado: Convencido de su visión.
- ✓ Persistente: No se rinde ante el primer obstáculo.

Recuerda lo que has aprendido:

El emprendimiento es un viaje: No es una carrera de 100 metros, sino un maratón. Habrá altibajos, pero lo importante es mantener la constancia y la perseverancia.

El miedo es normal: Todos sentimos miedo al emprender. Lo importante es aprender a gestionarlo y a convertirlo en una fuerza impulsora.

El fracaso es una oportunidad: Los fracasos son parte del proceso. Aprende de ellos y sigue adelante.

La red de contactos es clave: Rodéate de personas que te inspiren y te apoyen.

El aprendizaje continuo es esencial: El mundo cambia constantemente, y tú también debes hacerlo.

Tu Legado

Emprender no es solo construir un negocio exitoso, es construir un legado. ¿Qué huella quieres dejar en el mundo? ¿Cómo quieres ser recordado? Recuerda que tu empresa puede ser una fuerza para el bien, generando empleo, innovando y mejorando la vida de las personas.

Un Llamado a la Acción

Si decides emprender:

- ✓ Define tu visión: ¿Cuál es tu propósito? ¿Qué problema quieres resolver?
- ✓ Crea un plan de acción: Establece metas claras y define los pasos que debes seguir.
- ✓ Busca mentores: Conéctate con personas que tengan experiencia en el mundo empresarial.
- ✓ No te rindas: Los obstáculos son inevitables, pero la perseverancia te llevará al éxito.

Si aún no estás listo para emprender:

- ✓ Sigue aprendiendo: Lee libros, toma cursos, asiste a eventos.
- ✓ Explora diferentes opciones: Trabaja en un startup, colabora en proyectos de otros emprendedores.
- ✓ Desarrolla tus habilidades: Mejora tus habilidades en áreas como marketing, ventas, finanzas.
- ✓ Construye tu red de contactos: Conoce a personas que compartan tus intereses.

¡Anímate a compartir tus reflexiones en las redes sociales usando el hashtag #Emprenderonoemprender

Conclusión

Emprender es una aventura emocionante y desafiante. Es una oportunidad para crecer, aprender y hacer una diferencia en el mundo.

"El emprendedor es aquel que inicia un negocio, pero el empresario es aquel que lo construye para perdurar."
Anónimo

¿Y tú, estás listo para emprender tu futuro?
¡Te deseo mucho éxito en tu camino!

ABOUT THE AUTHOR

Pabel Amet Hernandez Castro

Es un emprendedor y consultor de negocios con una trayectoria comprobada de éxito tanto en el sector público como en el privado. Como autor de Emprender o no Emprender, Pabel aporta una gran cantidad de experiencia práctica y conocimientos para ayudar a los aspirantes a empresarios a navegar por las complejidades de iniciar y hacer crecer un negocio.

Profesional en Administración de Empresas y especialista en Gestión de Proyectos y Gerencia Social, Pabel ha dedicado su carrera a empoderar a individuos y organizaciones para que alcancen su máximo potencial. Su experiencia abarca una amplia gama de áreas, que incluyen planificación empresarial, gestión estratégica, implementación de proyectos y capacitación en emprendimiento.

A lo largo de su carrera, Pabel ha ocupado puestos de liderazgo en diversas organizaciones, donde ha formulado y ejecutado con éxito numerosos proyectos y logrado presentar planes de negocios exitosos para diferentes convocatorias del Fondo Emprender en Colombia. Su pasión por el emprendimiento se evidencia en su rol como mentor y formador, guiando a innumerables personas en sus trayectorias empresariales.

En Emprender o no Emprender, Pabel comparte su sabiduría y sus consejos prácticos, que ha adquirido con mucho esfuerzo, para ayudar a los lectores a tomar decisiones informadas sobre cómo perseguir sus sueños empresariales. Ya sea un emprendedor experimentado o uno que recién esté comenzando, este libro le brinda las herramientas y el conocimiento que necesita para tener éxito.

www.ingramcontent.com/pod-product-compliance
Lightning Source LLC
Chambersburg PA
CBHW070156230526
45471CB00002B/692